Le lexique de la Chrysopée

suivi du

Traité sur l'œuf philosophique

et du

Serment des Philosophes

LE LEXIQUE
DE LA CHRYSOPÉE

NOTICE

Ce *Lexique alchimique* est tiré du manuscrit de Saint-Marc (fin du xe ou commencement du xie siècle) : il n'a guère été modifié dans les manuscrits postérieurs. Il est formé de portions diverses, ajoutées successivement, comme le prouvent par exemple les articles relatifs au soufre, à l'eau de soufre, à la magnésie, etc. Certains articles remontent jusqu'à la vieille tradition gréco-égyptienne, ainsi que le montrent les rapprochements (cités en note) avec la nomenclature prophétique de Dioscoride et du Papyrus de Leide. Les catalogues du blanc et du jaune, attribués à Démocrite (*Origines de l'Alchimie,* p. 155-156), lesquels formaient la base de la Chrysopée et de l'Argyropée, ainsi que les nomenclatures de l'œuf philosophique, paraissent représenter les premières formes de ce Lexique. Au moyen âge, il a pris une extension considérable et s'est enrichi d'une multitude de mots arabes, en même temps que les mots grecs disparaissaient en partie. On peut en voir une forme nouvelle dans le manuscrit 2419 de Paris, transcrit vers 1460. Plusieurs de ces Lexiques ont été rassemblés par Johnson dans la *Bibliotheca Chemica* de Manget (Genève, 1702), t. I, p. 217 à 291. Mais l'ouvrage de ce genre le plus utile à connaître et le mieux rédigé, est le *Lexicon Alchemiæ, auctore Rulando* (Francfort, 1612).

Regarde ce volume comme renfermant un bonheur secret, qui que tu sois qui es l'ami des Muses. Mais si tu veux en explorer les veines chargées d'or, qui sont habilement cachées ; ouvre l'œil vif de l'esprit et élève-le vers les natures divines, avec une parfaite perspicacité ; parcours ainsi ce très savant écrit, et trouves-y le trésor d'une connaissance supérieure, en cherchant et explorant la nature trois fois heureuse, la seule qui domine les natures d'une manière divine[1], la seule qui enfante l'or brillant, celle qui fait tout ; celle que seuls ont découverte, par leur esprit inspiré des Muses, les amants de la gnose divine. Celui qui l'a inventée, je ne dirai pas qui il est. Admire l'intelligence, la sagesse de ces hommes divins, créateurs des corps et des esprits[2] ; (Admire, dis-je) comment ils ont atteint la hauteur sublime de la gnose, de façon à animer, à tuer et à vivifier, à créer des figures et des formes étranges[3].

O merveille ! ô bien heureuse et souveraine matière ! Celui qui la connaît à fond et qui sait les résultats cachés sous ses énigmes, celui-là, oui, c'est l'intelligence digne de tout honneur, c'est l'esprit éminent de Théodore[4], qui s'enrichit d'une manière divine, lui le fidèle défenseur des princes. Il a rassemblé, il a fait entrer une collection étrange dans ce volume de conceptions savantes.

En le protégeant, Christ, souverain maître, tiens-le en ta garde !

---

[1] C'est la formule favorite du Pseudo-Démocrite.

[2] Le mot *corps*, σώματα, s'applique dans la langue des alchimistes, aux métaux régénérés de leurs oxydes et autres minerais. — Le mot *esprit*, πνεύματα, a un sens plus vague ; il signifie spécialement les substances volatiles que l'on peut fixer sur les métaux, ou en séparer.

[3] Ces expressions mystiques signifient la production des métaux, leur disparition par oxydation, dissolution, etc., et leur régénération.

[4] L'indication de ce nom, qui se rapporte à un haut fonctionnaire de l'empire byzantin, est la seule que nous possédions sur la formation de la collection alchimique. Elle concerne une époque comprise entre Héraclius et le commencement du XIᵉ siècle, date du ms. de Venise ; époque qui comprend celles des compilations de Photius et de Constantin Porphyrogénète (voir *Origines de l'Alchimie*). — Le nom de Théodore est d'ailleurs trop répandu pour qu'on puisse espérer identifier, sans autre indice, le personnage actuel avec quelque byzantin, connu autrement dans l'histoire. Dans les ouvrages de Zosime, on trouve aussi, sous le titre de « *Chapitres à Théodore* », un résumé des sommaires de divers traités. Stephanus écrit pareillement à un Théodore (Ideler, t. II, p. 208), lequel pourrait être notre personnage il serait alors contemporain d'Héraclius.

PAR ORDRE ALPHABÉTIQUE[5]

A

SEMENCE DE VÉNUS. — C'est l'efflorescence du cuivre[6].

ALBATRE OU ALABASTRON. — C'est la chaux tirée des coquilles d'œufs, le sel des efflorescences[7], le sel ammoniac[8], le sel commun.

CHAUX D'HERMÈS. — C'est la chaux tirée des œufs[9], sublimée par le vinaigre, et exposée au soleil (?) ; elle est meilleure que l'or[10].

SEL EFFLORESCENT[11]. — C'est la mer, la saumure, la mousse du sel.

ÉCUME D'UNE ESPÈCE QUELCONQUE. — C'est le liquide mercuriel.

LIQUIDE ARGENTIN. — C'est la vapeur sublimée du soufre et du mercure[12].

ASÈM. — C'est l'*ios* provenant de la vapeur sublimée.

FLEUR D'ACHAÏE. — C'est la laccha[13].

---

[5] D'après le manuscrit L : *Lexique métallique, par ordre alphabétique, des noms de l'art divin et sacré employés dans ce volume sur la matière d'or.* — D'après A E : *Lexique métallique de l'art sacré, par ordre alphabétique, renfermant les signes et les noms, écrit pour la première fois en langue grecque,* etc. — Ce qui semblerait indiquer qu'il aurait été traduit d'une autre langue à l'origine (?). La traduction est donnée ici dans l'ordre alphabétique des termes grecs originaux ; on trouvera en annexe un lexique des mêmes termes dans l'ordre alphabétique français (NDE).

[6] Vert de gris et corps analogues.

[7] Salpêtre, ou sesquicarbonate de soude, ou sulfate de soude, ou même chlorure de sodium, suivant les terrains.

[8] Ce mot ne désignait pas à l'origine le chlorhydrate d'ammoniaque ; mais, à ce qu'il semble, une variété de natron. Plus tard il a pris son sens actuel.

[9] Il s'agit ici des œufs philosophiques et d'une préparation mercurielle. — D'après *BAL* : « c'est la vapeur des œufs dissoute par le vinaigre, etc. »

[10] Les mots « que l'or » sont omis dans plusieurs ms. — Au lieu de : « exposée au soleil » il faut peut-être lire : « devenue couleur d'or » ; le même signe représentant l'or et le soleil.

[11] Orcanette.

[12] M donne le signe du mercure.

[13] Orcanette.

Fleur du cuivre. — C'est la couperose, la chalcite[14], la pyrite, le soufre blanc après traitement.

Sel. — C'est la coquille de l'œuf ; le soufre est le blanc de l'œuf ; la couperose en est le jaune.

Androdamas. — C'est la pyrite et l'arsenic[15].

Ce que l'on met à part. — C'est le son du blé.

Vapeur sublimée. — C'est l'eau du soufre et du molybdochalque[16].

Aphrosélinon (Écume d'argent). — C'est la comaris, la coupholithe[17].

Amphore à vin. — C'est un vase de terre cuite.

Bave. — C'est le mercure tiré de l'argent et la pierre scythérite.

Éjaculation du serpent. — C'est le mercure[18].

Indestructible. — Ce qui ne peut être volatilisé.

Pierre d'aigle. — C'est la chrysolithe, le porphyre, la pierre pourprée de Macédoine et la pierre polychrome.

Incombustibilité. — C'est le blanchiment.

Cuivre couvert d'ombre (ou obscur). — C'est la fleur du cuivre.

Changement de nature. — C'est la teinture[19].

Saumure. — C'est la chrysocolle.

Argyrolithe (Pierre d'argent). — C'est la sélénite.

Tout mercure. — Se dit du mercure composé avec les trois soufres apyres.

Natif (produit). — Se dit de ce qui est pur et non souillé. C'est, à proprement parler, ce qui est intact, non obscurci et brillant comme la fleur de l'or.

B

Renoncule. — C'est la chrysocolle et la chrysoprase (aigue-marine).

Bol (ou masse pilulaire). — C'est le soufre cru.

Bostrychite. — C'est la pyrite, la pierre étésienne, la chrysolithe.

---

[14] Minerai de cuivre.

[15] Pyrite arsenicale et sulfures d'arsenic.

[16] BAL. « C'est l'eau de l'étain et du plomb et du cuivre » ; le mercure des philosophes (*Orig. de l'Alchimie*, p. 272 et 279). Le mercure se retire aussi par sublimation de ses amalgames avec les métaux.

[17] Syn. de talc, ou de sélénite.

[18] BAL ajoutent : « Extrait du cinabre. »

[19] Dans L, les articles précédents sont confondus, par suite de quelque erreur de copiste.

PIERRE DE TOUCHE. — C'est la pierre du mortier.

TEINTURE (ou TREMPE). — C'est le changement de nature.

TOUTES PLANTES JAUNES. — Ce sont les chrysolithes.

ORGE. — C'est le germe[20] de la bière.

Γ

LAIT DE LA VACHE NOIRE. — C'est le mercure extrait du soufre[21].

TERRE (dite) ASTÉRITE. — C'est la pyrite, la terre de Chio, la litharge, le soufre blanc, l'alun, la cadmie blanche, le mastic[22].

TERRE D'ÉGYPTE. — C'est la terre à poteries.

TERRE DE SAMOS. — C'est l'arsenic et le soufre blanc.

LAIT DE TOUT ANIMAL. — C'est le soufre.

GYPSE. — C'est le mercure solidifié.

Δ

ROSÉE. — C'est le mercure extrait de l'arsenic[23].

LITIÈRE. — C'est l'eau du mercure.

BILE DU SERPENT. — C'est le mercure extrait de l'étain (ou du cinabre; addition de BAL).

E

HELCYSMA. — C'est le plomb brûlé[24].

---

[20] Orge germée.

[21] C'est-à-dire du sulfure noir de mercure.

[22] Résine naturelle.

[23] C'est-à-dire l'arsenic sublimé, regardé comme un second mercure, à cause de sa volatilité et de son action sur le cuivre.

[24] PLINE, *H. N.*, I. XXXIII, 35. *Scoriam in argento Græci vacant helcysma.* — DIOSCORIDE, *Mat. Méd.*, I. V, 101, dit aussi : « La scorie d'argent s'appelle helcysma ou encauma. » Ce serait donc une variété de litharge.

ENCÉPHALE. — C'est la chaux des coquilles des œufs.

DÉCOCTION. — C'est la dispersion, le délaiement, le grillage.

ADJONCTION. — C'est l'agglomération attractive.

HUILE. — Répond aux fleurs[25] des teintures.

PULVÉRISATION COMPLÈTE. — C'est le blanchiment, la mutation, la réduction en mercure (des espèces, BAL).

RAFFINAGE. — C'est l'extraction au moyen des liquides, c'est-à-dire la transmutation.

PIERRE ÉTÉSIENNE. — C'est la chrysolithe.

Z

PETIT LEVAIN. — C'est le soufre.

LEVAIN. — C'est la combinaison des corps métalliques avec la vapeur sublimée de l'échoménion[26] et avec la fleur du carthame[27].

LIQUEUR TINCTORIALE. — C'est la couperose traitée suivant les règles (de l'Art., AL.)

H

DEMI-CORPS. — Ce sont les vapeurs sublimées[28].

ÉCHOMÉNION[29]. — C'est la fleur de carthame.

ÉLECTRUM. — C'est la poudre (de projection) parfaite.

CHEVELURE DU SOLEIL. — C'est le soufre extrait de l'or.

DISQUE SOLAIRE. — C'est le mercure extrait de l'or.

---

[25] Couleur, *flos*.

[26] Basilic ? — Voir plus loin.

[27] Cet article est tiré de L. σώματα signifie les métaux réduits de leurs minerais.

[28] Cette expression rappelle les demi-métaux des auteurs du XVIIIᵉ siècle.

[29] Ce mot ne se trouve nulle part ailleurs que chez les alchimistes. — Serait-ce pour Ὠκυμένιον : Basilic ? Le Basilic, plante et animal, joue un grand rôle dans les sciences occultes du moyen âge. Il était assimilé au Serpent qui se mord la queue, à la Salamandre, au Phénix, etc. (*Bibl. Chem.* de Manget, t. I, p. 106 et 706)

Θ

SOUFRE BLANC. — C'est la vapeur sublimée du mercure, fixée avec la composition blanche.

SOUFRE BLANC. — C'est la pierre chrysétésienne, l'hématite.

SOUFRE NON BRÛLÉ. — C'est la vapeur sublimée et le mercure.

SOUFRE. — C'est le cuivre après traitement.

I

IOS RACLÉ[30]. — C'est la vapeur sublimée et la chrysocolle (soudure d'or).

IOS. — C'est le jaunissement; l'eau de soufre natif; le comaris de Scythie le pastel de l'Inde; la renoncule; la chrysoprase - la chrysocolle.

PIERRE SACRÉE. — C'est la chrysolithe.

PIERRE SACRÉE. — C'est le mystère caché (A E).

K

(SUBSTANCE) BRULÉE DE COPTOS. — C'est la lie, l'écume de l'argent.

FIENTE DE L'OR ET MINERAI D'OR, CHRYSAMMOS. — C'est la chrysolithe (pierre d'or).

ÉTAIN. — C'est le cinabre.

EAU DE CALAIS[31]. — C'est l'eau de chaux.

CINABRE. — C'est la vapeur sublimée, obtenue par cuisson dans les marmites.

CNOUPHION[32]. — C'est le chapiteau (de l'alambic).

---

[30] Ios a un sens complexe : c'est la rouille des métaux ; c'est la pointe de la flèche ; c'est le venin, c'est-à-dire le principe actif, l'extrait doué de propriétés spécifiques, et, par extension, le principe de la coloration et la propriété spécifique elle-même, etc.

[31] Ce mot se trouve appliqué au cuivre dans la *Diplosis* de Moïse : il semble que ce soit un nom de lieu.

[32] Tiré du nom du dieu Cnouphi (voir *Origines de l'Alchimie*, p. 31).

FUMÉE DES COBATHIA. — Ce sont les vapeurs de l'arsenic (sulfuré)[33].

COLLE ATTIQUE. — C'est la larme de l'amande[34].

GOMME. — C'est le jaune (d'œuf).

CLAUDIANOS. — C'est la chaux des œufs, le peuplier noir et le cassia.

COMARIS DE SCYTHIE. — C'est le soufre et l'arsenic, avec tous ses noms.

CADMIE. — C'est la magnésie.

HUILE DE RICIN. — C'est celle que l'on extrait des figuiers sauvages ; car beaucoup la préparent ainsi.

CIRE SOLIDE. — Signifie les corps (métalliques) solides[35].

SUBSTANCE BRÛLÉE. — C'est la substance blanchie[36].

ROSEAU. — C'est le soufre.

COMARIS. — C'est l'arsenic.

SANG DE MOUCHERON. — C'est l'eau d'alabastron après traitement.

Λ

CUIVRE D'OSEILLE[37]. — C'est le vinaigre.

PIERRE DE DIONYSIOS. — C'est la chaux.

PIERRE BLANCHE (leucolithe). — C'est la pyrite.

PIERRE QUI N'EST PAS UNE PIERRE. — C'est la chaux et la vapeur sublimée, délavée avec du vinaigre.

PIERRE PHRYGIENNE[38]. — C'est l'alun.

ÉCAILLES DE COBATHIA. — Ce sont les (matières) sulfureuses, et surtout l'arsenic.

ORCANETTE. — C'est la fleur d'Achaïe[39].

LITHARGE BLANCHE. — C'est la céruse.

CUIVRE BLANC. — C'est l'eau de soufre apyre.

TEINTURE BLANCHE. — C'est ce qui teint profondément et qui ne suinte pas.

---

[33] RULANDUS (*Lex. Alch.*, p. 158) traduit ce mot par *Kobolt* ; c'est toujours un composé arsenical.

[34] Le lait fait avec la pâte d'amandes.

[35] C'est-à-dire les métaux fusibles ou les amalgames, se solidifiant à la façon de la cire.

[36] Par exemple, le zinc, le plomb, l'antimoine, etc., changés en oxydes blancs par le grillage.

[37] C'est-à-dire le verdet, acétate de cuivre basique et analogues.

[38] V. DIOSCORIDE, *Mat. Méd.*, I, V, 140. — PLINE, *H. N.*, I. XXXVI, 36 ; sorte d'alunite, employée par les teinturiers.

[39] Je corrige ici le texte en admettant λακχά 'Αχαίας. — (*Orig. de l'Alchimie*, p. 359, 361).

PIERRE PHRYGIENNE. — C'est l'alun et le soufre[40].

BLANC BRILLANT. — C'est ce qui pénètre profondément.

M

PLOMB. — C'est le semblable de la céruse.

MAGNÉSIE. — C'est le plomb blanc et la pyrite[41].

MAGNÉSIE. — C'est le vinaigre non adouci, et l'extraction.

MAGNÉSIE. — C'est l'antimoine femelle[42] de Chalcédoine.

EMOLLIENS (ou amalgames). — C'est toute matière jaune et amenée à perfection[43].

NATURE UNE. — C'est le soufre et le mercure, après traitement différent.

NOIR INDIEN. — Est fait d'isatis et de chrysolithe.

MINIUM DE MONTAGNE. — C'est le misy jaune, avec celui qui coule tout seul[44].

MIEL ATTIQUE ET PLOMB. — C'est l'eau divine[45].

NOTRE PLOMB. — C'est celui qui se prépare avec les deux antimoines[46] et avec la litharge.

MOLYBDOCHALQUE. — C'est la soudure d'or.

MYSTÈRE DE TOUTE PIERRE MÉTALLIQUE. — C'est la pyrite.

GRANDE PLANTE. — C'est l'orge.

NUAGE NOIR. — C'est la vapeur sublimée et la pierre d'or.

N

NUAGE. — C'est la vapeur sublimée du soufre.

---

[40] Répétition de l'un des articles précédents. Ceci montre que le lexique de M résulte de plusieurs listes plus anciennes.

[41] V. plus haut: *Cadmie*, au K. — On voit, que le mot magnésie a plusieurs sens. Il s'applique aussi à l'oxyde de fer magnétique, à la pyrite et au sulfure d'antimoine.

[42] B A L: de Macédoine (v. DIOSCORIDE, *Mat. méd.*, I, V, 99.) — PLINE (*H. N.*, XXXIII), distingue l'antimoine femelle, qui est lamelleux et brillant; c'est notre sulfure d'antimoine natif.

[43] L: «c'est tout mélange accompli.»

[44] Ici il s'agit d'un oxyde de fer analogue à la sanguine, dérivé du misy qui coule tout seul; c'est-à-dire de la pyrite en décomposition.

[45] Ceci semble faire allusion à la saveur sucrée des sels de plomb.

[46] Mâle et femelle: variétés de notre sulfure. En outre, on voit que le régule d'antimoine était confondu avec le plomb.

RACLURE DE LA PIERRE DE NAXOS. — C'est la matière à aiguiser des barbiers[47].

NATRON. — C'est le soufre blanc qui rend le cuivre sans ombre[48]. La (même substance) se nomme aphronitron[49] et terre résineuse (ou fluidifiante).

NUÉE. — C'est l'obscurité des eaux, la vapeur sublimée, l'humidité vaporisée, le précipité qui reste en suspension (?).

Ξ

VAPEUR JAUNE SUBLIMÉE DU CINABRE. — C'est la vapeur sublimée des substances sulfureuses et l'argent liquide.

PRÉPARATION JAUNE. — C'est le minerai de fer, traité par l'urine (et) le soufre [c'est aussi la cadmie, B A L].

O

COQUILLAGE ET OS DE SEICHE. — C'est la chaux des œufs.

SUC DE CALPASOS. — C'est la sève de cette plante.

AXONGE DE PORC. — C'est le soufre non brûlé.

VINAIGRE[50] COMMUN. — C'est celui qu'on obtient par la litharge et par la lie.

---

[47] DIOSCORIDE, *Mat. méd.*, I, V, 167.

[48] Parfaitement brillant. Il s'agit d'un fondant employé dans la réduction du cuivre oxydé ou sulfuré.

[49] Il semble qu'il s'agisse ici de notre salêtre.

[50] Cette définition semble signifier l'acétate de plomb. Mais le mot vinaigre avait chez les alchimistes un sens beaucoup plus compréhensif. Il désignait tous les liquides à saveur piquante, tesl que :

1° Les liquides acides, assimilés à notre vinaigre ;

2° Certaines liqueurs alcalines, à saveur piquante, comme le montre l'assimilation de ce mot avec l'urine altérée ;

3° Diverses solutions métalliques, acides ou astringentes, à base de plomb, de cuivre, de zinc, de fer, etc.

Suc de tous les arbres et de toutes plantes. — C'est l'eau divine[51] et le mercure[52].

Ce que tu sais. — C'est l'alun.

Cuisson. — C'est la décoction et le jaunissement.

Osiris. — C'est le plomb et le soufre.

Vase cylindrique. — C'est (le mortier L et) le pilon.

Π

Pompholyx[53]. — C'est la fumée de l'asèm.

Fixez. — Au lieu de «renforcez»[54].

Ce qui s'évapore au feu. — C'est la vapeur sublimée du soufre.

Pyrite. — C'est le Sory et la magnésie (et la pierre blanche, A).

Miel complet. — C'est l'eau de soufre[55].

Teinture (Pinos). — C'est ce qui teint à l'extérieur[56].

Fixations. — Ce sont les opérations chimiques utiles.

Polychrome. — C'est la couleur de pourpre.

Porphyre. — C'est la pierre étésienne et l'androdamas.

Dissolvant universel. — C'est la vapeur sublimée qui émane de toutes choses, c'est-à-dire l'eau native.

Feuilles qui entourent la couronne. — Ce sont la pyrite et la magnésie.

«Ayant aigri préalablement». — C'est: «ayant baigné dans le vinaigre».

«Ayant aigri fortement». — C'est: «ayant passé au feu».

«Ayant été torréfiée au soleil». — Cela se fait en 6 jours.

Limon de Vulcain. — C'est l'orge[57].

---

[51] On voit que le nom d'Eau divine désignait, non seulement les solutions de sulfures alcalins, mais aussi tout suc végétal actif.

[52] Le mot mercure désigne ici toute liqueur renfermant un principe actif essentiel.

[53] Oxyde de zinc sublimé, et mêlé d'oxydes de cuivre, de plomb, d'antimoine, d'arsenic, etc.

[54] Fixer un métal, c'était lui ôter sa volatilité, sa fluidité, etc.

[55] V. plus haut le miel attique. Allusion au goût sucré des sels de plomb?

[56] Πίνος opposé à Βαφή.

[57] Souvenir de la nomenclature prophétique.

P

PURIFIANT. — C'est le natron jaune[58] et l'aphronitron.

REPHECLA[59]. — C'est le cyclamen.

LIMAILLE D'OR. — C'est la soudure d'or.

Σ

NÉNUPHARS DESSÉCHÉS. — Ce sont ceux qu'on tire des cours d'eau d'Égypte.

LIE. — C'est la sélénite et l'alun lamelleux.

SANDYX[60]. — C'est l'or.

ALUN. — C'est le soufre blanc et le cuivre sans ombre.

SANDARAQUE. — C'est le mercure extrait du cinabre.

LES (QUATRE) CORPS MÉTALLIQUES. — Ce sont le cuivre, le plomb, l'étain et le fer. On en extrait le stibium en coquille.

CORPS INTERVENANT DANS LA COMBINAISON. — On les appelle caméléon : ce qui signifie les quatre métaux imparfaits.

STIBIUM. — C'est le coquillage ou la coquille.

MUTATION ET RÉGÉNÉRATION. — C'est la calcination et le blanchiment.

ÉPONGE MARINE. — C'est la cadmie, la chrysolithe, la pierre sacrée, le mystère caché, la cendre de la paille, l'émeraude, l'émeril.

FER. — C'est le tégument de l'œuf.

T

TITANOS. — C'est la chaux de l'œuf.

NOM PROPRE DE LA COMPOSITION LIQUIDE. — C'est l'eau divine, tirée de la saumure, du vinaigre et des autres matières.

---

[58] *Nitrum flavum* de PLINE, *H. N.*, I, XXXI, 46. Il en est aussi question dans le papyrus de Leide.

[59] Mot inconnu.

[60] Couleur rouge. PLINE, *H. N.*, I. XXXV, 23. — DIOSC. I, 7 V, 103, vers la fin. — Minium préparé en calcinant la céruse. — Rappelons que l'écarlate figurait au moyen âge, et figure encore l'or dans le blason.

Nom propre de la composition solide. — Ce sont les quatre corps, appelés : le claudianos, le plomb, la pyrite, le mercure.

Y

Mercure, fixé au moyen des vapeurs sublimées : blanchit le cuivre et fait l'or.

Eau scythique. — C'est le mercure[61].

Eau divine native. — C'est le mercure fixé avec les sels,

Eau de Carthane. — C'est l'eau native du soufre.

Eau lunaire. — Eau de cuivre [eau de sel, L], eau ignée, eau de verre, eau d'argent, eau de sandaraque, eau d'arsenic, eau de fleuve ; [c'est le nuage. A].

Eau Fluviale, Eau de Plomb. — C'est le soufre et le mercure[62].

Hyssope. — C'est le lavage des laines en suint.

Eau de mercure tinctoriale[63]. — C'est le mercure extrait du cinabre.

Eau de Vénus, de Lune, d'Argent, de Mercure, et eau Fluviale. — C'est l'eau divine et le mercure[64].

Eau de soufre natif. — C'est la composition blanche qui disparaît.

Eau simple. — C'est celle que l'on fabrique avec les trois composés sulfurés, au moyen de la chaux.

Eau (extraite) de l'Asèm[65]. — Elle est dite écume, rosée, aphroselinon liquide.

Eau divine tirée du mercure. — Elle est appelée[66], d'après Pétasius, bile de serpent.

Eau divine fixée par les transmutations. — C'est le mercure (que l'on extrait) du cinabre, c'est-à-dire la tétrasomie[67].

---

[61] Variante : la sandaraque, BAL. — Il s'agissait de l'arsenic métallique sublimé, regardé comme un second mercure.

[62] Il y a diverses variantes et interversions dans les articles précédents, suivant les manuscrits.

[63] De la teinture blanche, L.

[64] Répétition de l'un des articles précédents. Variantes diverses.

[65] De l'argent, L, au lieu de l'asèm ; ce qui indique que le texte de L est plus moderne.

[66] Le nuage est dit : eau élevée par distillation, bile de serpent. B. Le mot bile de serpent répond à la nomenclature prophétique. Pétasius ou Petesis, seul auteur cité dans le *Lexique*, est un nom égyptien, cité aussi par Dioscoride ; il désigne un vieux maître alchimique (*Origines de l'Alchimie*, pages 128, 158, 168, etc).

[67] Réunion des quatre métaux imparfaits.

Φ

LIE. — C'est le dépôt du vin, la chaux avantageuse pour les pourpres[68].

ALGUE[69]. — C'est la teinture extérieure et brillante.

PRÉPARATION. — C'est la vapeur sublimée, composée au moyen du traitement.

« FAIS GRILLER ». — C'est-à-dire « Fais cuire ou jaunis ».

(TEINTURE) QUI (NE) PASSE (PAS). — C'est la véritable (?).

SCORIE DES LENTILLES. — C'est la couperose.

X

SCORIE DU CUIVRE. — C'est la couperose.

OR. — C'est la pyrite, la cadmie et le soufre[70].

CHALKYDRION. — C'est l'or fabriqué et rouillé par les manipulations de fixation, faites au moyen du soufre.

CHRYSITIS[71]. — C'est la composition tirée des vapeurs sublimées.

CUIVRE MÉDICAL. — C'est le métal blanchi, le soufre et la céruse.

SUEURS DU CUIVRE. — C'est le jus de camomille.

CHRYSOCOLLE ET EAU DE CUIVRE. — C'est le molybdochalque[72].

LIQUEUR D'OR, CHÉLIDOINE, COQUILLE D'OR, IOS SANS OMBRE. — C'est le soufre blanc [ou bien le mercure fixé avec la composition blanche. A L].

COUPEROSE. — C'est le jaune de l'œuf.

PIERRE CHRYSÉTÉSIENNE. — C'est l'hématite.

CHALCOPYRITE FULGURANTE[73]. — C'est l'eau de soufre[74] ; c'est le soufre tiré du mercure (L).

---

[68] Il s'agit de la crème de tartre, employée pour fixer les matières colorantes sur les étoffes.

[69] Orseille.

[70] Voir les deux autres définitions de l'or données plus loin.

[71] Litharge couleur d'or, dans PLINE et dans DIOSCORIDE, *Mat. méd.*, I, V, 102. Peut-être s'agit-il dans le Lexique de l'oxyde de mercure.

[72] Variantes de L. « Le corail d'or et l'eau de chrysochalque, c'est le plomb et le cuivre. » Cette variante semble résulter d'une interprétation différente des mêmes signes.

[73] A cause de sa couleur : pyrite cuivreuse.

[74] C'est le soufre, l'eau de mercure, BA.

Or[75]. — Ce sont tous les fragments et les lamelles jaunis[76] et amenés à perfection[77].

LIMAILLE D'OR, SOUDURE D'OR, FLEUR D'OR, LIQUEUR D'OR. — C'est la chrysitis, la coquille d'or, l'ios, le soufre et le mercure.

CUIVRE. — C'est la coquille des œufs.

OR CUIT. — Ce sont les vapeurs sublimées jaunes.

CHALKYDRION, ARGENT LIQUIDE, BILE DE TOUT ANIMAL. — C'est l'ios parfait, le soufre, le cuivre, l'électrum, lorsque leur éclat devient accompli et tourne au jaune et qu'ils se fixent c'est le mercure (extrait) du cinabre.

CHÉLIDOINE. — C'est l'élydrion.

ON APPELLE OR : Le blanc, le sec, le jaune et les (matières) dorées, à l'aide desquelles on fabrique les teintures stables[78].

CHRYSOCOLLE. — C'est le molybdochalque[79], c'est-à-dire la composition complète.

SPHÈRE D'OR. — C'est le safran de Cilicie [ou bien l'arsenic et la sandaraque, B A L].

CHRYSOPHITE. — C'est la vapeur sublimée, après traitement avec le cuivre, pulvérisation et réduction en ios.

CUIVRE DE CHYPRE. — C'est le cuivre calciné et lavé c'est le terme du blanchiment et le début du jaunissement.

MORCEAUX. — C'est ce qui est transformé quant à l'espèce.

PETIT MORCEAU. — Ce sont les cendres délayées dans l'eau, celles qui tapissent le fond du fourneau, à l'épaisseur d'un doigt.

SABLE (ou minerai). — C'est la chrysocolle.

CÉRUSE. — Est produite par le plomb.

$$\Omega$$

OCRES, obtenues par un mélange de vin et d'huile, sont dites blâmables (ou, falsifiées) ?

MERCURE CRU. C'est le mercure produit par le plomb [par le molybdochalque, L.].

---

[75] Cette définition est caractéristique et conforme aux procédés de teinture en or du Papyrus de Leide.
[76] D'après BAL. Dans M ce sont les minerais, μεταλλά, au lieu des feuilles πέταλα.
[77] Et atténués, AL.
[78] Idem.
[79] Répétition.

Oïtis (pierre d'œuf?). — Est nommée aussi Terenouthin et Chrysocolle.

Ocre attique. — C'est le jaune de l'œuf.

Ocre attique. — C'est l'arsenic.

Orichalque de Nicée. — C'est celui qu'on obtient par la cadmie.

TRAITÉ SUR L'ŒUF PHILOSOPHIQUE

I. III. — SUR L'ŒUF PHILOSOPHIQUE

Voici ce que les anciens disent sur l'œuf[80] :

1. Les uns (l'appellent) la pierre de cuivre, [les autres, la pierre d'Arménie, A] ; d'autres, la pierre encéphale ; d'autres, la pierre étésienne ; d'autres, la pierre qui n'est pas une pierre[81] ; d'autres, la pierre égyptienne ; d'autres, l'image du monde[82].

2. La coquille de l'œuf, c'est la partie[83] crue, le cuivre, l'alliage de fer et de cuivre, l'alliage de plomb et de cuivre et (plus généralement) les corps[84] métalliques solides.

3. La coquille calcinée signifie : la chaux vive, l'arsenic, la sandaraque, la terre de Chio, la terre astérite[85], la sélénite[86], l'argent cuit, l'antimoine de Coptos, la terre de Samos, la terre convenable, la terre Cimolienne, la terre brillante, le bleu[87] et l'alun[88].

4. Les parties liquides de l'œuf sont dites : les parties séparées, *l'ios* et *l'ios* du cuivre, l'eau verte de cuivre, l'eau du soufre natif, la liqueur de cuivre, la préparation de cuivre à apparence de miel, la vapeur sublimée, les corps réduits en es-

---

[80] Cp. *Origines de l'Alchimie*, p. 24.

[81] Cette expression mystique a été souvent reproduite au moyen âge. Je citerai Roger Bacon : *De Secretis operibus et naturæ* (*Bibl. Chem.* de Manget, t. I, p. 622). Il attribue à Aristote (*in Libro Secretorum*) les paroles suivantes : « O Alexandre, je veux te raconter le plus grand des secrets... Prends cette pierre qui n'est pas une pierre, présente en tout temps, en tout lieu... On l'appelle l'œuf philosophique. » De même dans le traité qui porte le nom d'Avicenne (*Bibl. Chem.*, t. I, p. 633) : est lapis et non lapis. Dans la *Turba philosophorum* (même recueil, t. I, p. 449) : *Hic igitur lapis non est lapis*, etc. (v. aussi *Bibl. Chem.*, I, 935).

[82] En marge de M. « Ceci doit être entendu dans un sens mystique et non un sens physique. »

[83] Ou peut-être l'ensemble (δμòν au lieu de ὠμòν), par opposition aux parties séparées.

[84] Métaux et alliages métalliques.

[85] Pline (*H. N.*, I. XXXVII, 47) donne ce nom à une pierre précieuse blanche, à reflet intérieur. Mais il s'agit plutôt d'une des deux espèces de terre de Samos, désignée sous le nom d'aster, dans Dioscoride, *Mat. Méd.*, I. V, 171.

[86] C'est-à-dire notre argent, AL.

[87] Sel de cuivre

[88] A ajoute après le bleu : le vermillon de Coptos, la terre de Pont.

prits[89], la semence universelle. (Ces parties liquides) reçoivent encore beaucoup d'autres dénominations.

5. Le blanc de l'œuf s'appelle la gomme, le suc du figuier, le suc du mûrier et celui du tithymale.

6. Le jaune de l'œuf s'appelle le misy, le cuivre, la couperose de cuivre, la couperose cuite, l'ocre attique, le vermillon du Pont, le bleu, la pierre d'Arménie, le safran de Cilicie et la chélidoine.

7. Le mélange de la coquille des œufs et de l'eau préparée avec la chaux vive, c'est ce que l'on appelle la magnésie et les corps (métaux) de la magnésie, l'alliage de plomb et de cuivre, notre argent[90], l'argent commun, la céruse.

8. Le blanc, on l'appelle l'eau de la mer, parce que l'œuf est rond comme l'océan ; l'eau d'alun, l'eau de chaux, l'eau de cendre de chou, l'eau de chèvre[91] des anciens. (Prendre *l'eau* dans le sens du *lait.*)

9. La liqueur jaune, on l'appelle le soufre natif, le mercure, celui qui est dit (extrait) du cinabre ; l'eau du natron roux, l'eau du natron jaune, le vin Aminien.

10. La composition jaune s'appelle l'or et l'électrum en décomposition, la teinture d'or, la teinture d'argent[92] extraite des citrons, celle qu'on extrait de l'arsenic et de l'eau du soufre apyre. De même que le citron présente la couleur jaune à l'extérieur, et, à l'intérieur, la saveur acide ; de même aussi, l'eau tirée de l'arsenic. L'eau du soufre apyre est le vinaigre des anciens.

11. Le blanc de l'œuf[93] s'appelle mercure, eau d'argent, cuivre blanc, vapeur sublimée blanche, ce qui se volatilise au feu, soufre excellent, eau de soufre natif,

---

[89] σῶμα exprime un métal régénéré de son oxyde ou de ses minerais ; — on pourrait aussi lire : ἀσώματα πνεύματα ; les esprits séparés des métaux.

[90] L'argent des adeptes, opposé à l'argent commun.

[91] Voir la nomenclature des Prophètes ou prêtres égyptiens dans DIOSCORIDE et dans les Papyrus de Leide.

[92] M. donne ici un signe dont le sens est inconnu, mais qui ressemble au chrysélectrum, c'est-à-dire à l'électrum. Ce signe est omis dans A, comme si le sens en eût été déjà perdu.

[93] Toute cette fin n'existe pas dans M. Le § 11 rappelle le langage amphigourique et de plus en plus vague, des alchimistes arabes et de ceux du moyen âge occidental.

écume marine, eau fluviale, rosée, miel attique, lait virginal, lait coulant de lui-même, eau de plomb, *ios* de cuivre, ferment irrésistible, nuage, soif ardente, astre suspendu de la vapeur sublimée.

12. Quant à toi, aie ceci dans l'esprit : la nature se réjouit de la nature ; la nature maîtrise la nature ; la nature triomphe de la nature. C'est elle qui, mélangée d'en haut, accomplit le mystère cherché et tiré d'un seul (corps). — Ces phrases signifient que les sulfureux sont maîtrisés par les sulfureux, les humides par les humides correspondants. — Si les corps ne perdent pas l'état corporel et si les corps ne reprennent pas l'état corporel[94], ce qui est attendu ne se réalisera pas.

13. Il y a deux[95] compositions opérées par les corps métalliques et par les eaux divines et les plantes ; elles transmutent la matière, celle que tu trouveras en poursuivant la chose cherchée. Si deux ne deviennent pas un, et trois un, et toute la composition une, le but cherché ne sera pas atteint.

FIN DE L'ŒUF

---

[94] C'est-à-dire : si les métaux ne disparaissent pas par oxydation ou métamorphose chimique, et s'ils ne reparaissent pas à l'état métallique. Le § 12 est formé de citations des plus vieux auteurs.

[95] Variantes de AE. « Telles sont les eaux divines, parmi lesquelles je comprends celles qui sont tirées des natures molles, aussi bien que des métaux. Si tu es intelligent, il y a deux compositions, etc. »

I. ɪᴠ. — NOMENCLATURE DE L'ŒUF[96]

Nomenclature de l'Œuf: c'est le mystère de l'art.

1. On a dit que l'œuf est composé des quatre éléments, parce qu'il est l'image du monde et qu'il renferme en lui-même les quatre éléments. On l'a nommé aussi «pierre que fait tourner la lune», pierre qui n'est pas pierre, pierre d'aigle et cerveau d'albâtre[97].

2. La coquille de l'œuf est un élément semblable à la terre, froid et sec; on l'a nommée cuivre, fer, étain, plomb[98].
Le blanc d'œuf est l'eau divine; le jaune d'œuf est la couperose; la partie huileuse est le feu.

3. On a nommé l'œuf la semence, et sa coquille, la peau; son blanc et son jaune, la chair; sa partie huileuse, l'âme; sa partie aqueuse, le souffle ou l'air.

4. La coquille de l'œuf, c'est ce qui élève ces choses hors du fumier[99] pendant dix jours. Délayez-la, avec l'aide de Dieu, dans du vinaigre; plus vous la broyer, plus vous faites œuvre utile. Lorsque vous aurez battu la composition pendant huit jours, vous ferez fermenter; et vous préparerez la poudre sèche. Lorsque vous aurez accompli ce travail, jetez-y du mercure, et si vous n'obtenez pas la teinture du premier coup, répétez une seconde et une troisième fois.

5. On a nommé d'abord le jaune de l'œuf: ocre attique, vermillon du Pont, natron d'Égypte, bleu d'Arménie[100], safran de Cilicie, chélidoine; le blanc de

---

[96] L'article IV est une variante de III.
[97] L'albâtre est la chaux tirée des coquilles d'œuf: (v. *Lexique alchimique*). La coquille entoure l'œuf comme le crâne en7toure le cerveau; de là ce symbolisme bizarre.
[98] Ce sont les quatre métaux imparfaits, qui servent à la transmutation et à la composition de l'or et de l'argent.
[99] Dans le bain-marie, chauffé au moyen du fumier. Il y a là la description sommaire d'un procédé pratique, laquelle contraste avec le style vague des autres paragraphes. Le §4 semble une intercalation.
[100] Dans un précédent article, ces mots signifient deux bleus distincts, comme dans Dɪᴏsᴄᴏ-ʀɪᴅᴇ, *Mat. méd.*, I, V, 105 et 106.— Ce sont des minerais de cuivre analogues à l'azurite (*Introd.*, p. 243).

l'œuf délayé avec l'eau de soufre est le vinaigre, l'eau d'alun, l'eau de chaux, l'eau de cendres de chou, etc.

I. v. — LE SERPENT OUROBOROS

1.   Voici le mystère : Le serpent Ouroboros (mordant sa queue), c'est la composition qui dans son ensemble est dévorée et fondue, dissoute et transformée par la fermentation[101]. Elle devient d'un vert foncé, et la couleur d'or en dérive. C'est d'elle que dérive le rouge appelé couleur de cinabre : c'est le cinabre des philosophes[102].

2.   Son ventre et son dos sont couleur de safran ; sa tête est d'un vert foncé ; ses quatre pieds constituent la tétrasomie[103] ; ses trois oreilles sont les trois vapeurs sublimées.

3.   L'Un fournit à l'Autre son sang[104] ; et l'Un engendre l'Autre. La nature réjouit la nature ; la nature charme la nature ; la nature triomphe de la nature ; et la nature maîtrise la nature[105] ; et cela non pas pour telle (nature) opposée à telle autre, mais pour une seule et même nature[106], (procédant) d'elle-même par le procédé (chimique), avec peine et grand effort.

4.   Or toi, mon ami très cher, applique ton intelligence sur ces matières et tu ne tomberas pas dans l'erreur ; mais travaille sérieusement et sans négligence, jusqu'à ce que tu aies vu le ternie (de ta recherche).

5.   Un serpent est étendu, gardant ce temple (et) celui qui l'a dompté ; commence par le sacrifier, puis écorche-le, et après avoir pris sa chair jusqu'aux os,

---

[101] Le mot σῆψις est plus général, et signifie toute décomposition analogue à une fermentation, ou à une putréfaction.
[102] Il est difficile de savoir exactement à quels phénomènes chimiques ces formules mystiques font allusion. On pourrait y voir une allusion à la décomposition des pyrites, fournissant les sels basiques de cuivre vert, tels que la chrysocolle ; puis le misy et le sory, sels basiques de fer et de cuivre, jaunes, et l'oxyde de fer rouge. Cette décomposition préoccupait beaucoup les alchimistes grecs.
[103] Les quatre métaux imparfaits : Plomb, Cuivre, Étain, Fer, exprimés en un seul mot.
[104] Ou bien selon une autre version : l'Un fait naître l'Autre.
[105] Ce sont les axiomes du Pseudo-Démocrite.
[106] S'agit-il ici de la transmutation opérée sur un métal unique ; et non sur un alliage ? — Voir I, xv : Assemblée des Philosophes, et la citation du traité *De Mineralibus* (d'Albert le Grand, livre III, ch. 8) faite dans la *Bibl. Chem.* de Manget, t. I, p. 934.

fais en un marchepied à l'entrée du temple ; monte dessus et tu trouveras là l'objet cherché. Car le prêtre, d'abord homme de cuivre, a changé de couleur et de nature et il est devenu un homme d'argent ; peu de jours après, si tu veux, tu le trouveras changé en un homme d'or[107].

---

[107] *Origines de l'Alchimie*, p.60. Zosime a reproduit cet exposé avec plus de développement ; ce qui montre que c'étaient là de vielles formules, exprimant la transmutation des métaux. On pourrait imiter ces changements par des précipitations galvaniques successives : mais rien ne prouve l'identité des opérations anciennes avec celles là.

I. VI. — LE SERPENT

1. Voici le mystère : le serpent Ouroboros, c'est-à-dire la dissolution des corps effectuée par son opération.

2. Les lumières[108] des mystères de l'art, c'est la teinture en jaune.

3. Le vert du serpent, c'est l'*iosis,* c'est-à-dire sa fermentation ; ses quatre pieds, c'est la tétrasomie employée dans la formule de l'art ; ses trois oreilles, ce sont les trois vapeurs et les douze formules ; son *ios*[109], c'est le vinaigre.

4. Or toi, mon ami très cher, applique ton intelligence sur ces matières.

5. Un serpent est étendu, gardant le temple (et) celui qui l'a dompté. Or toi, mon ami très cher, applique ton intelligence sur ces matières.

---

[108] L'auteur joue sur le mot φῶτα, qui signifie aussi les feux des fourneaux sur lequel on exécute les opérations.
[109] Venin, ou rouille, ou propriété spécifique active (v. *Introd.,* p. 254).

I. VIII. — INSTRUMENT D'HERMÈS TRISMÉGISTE

1. Pour l'amour de l'art, exposons la (méthode) indiquée par Hermès. Il conseille de compter depuis le lever du Chien[110], c'est-à-dire depuis Epiphi, 25 juillet, jusqu'au jour où le malade est alité, et de diviser le nombre ainsi obtenu par 36. Maintenant, voyez le reste dans le tableau ci-dessous.

2. La lettre Z (ζωή) désigne la vie; Θ, (θάνατος) la mort; K, (κίνδυνος) le danger[111].

1.	6.	Z.	10.	13.	14.	18.	20.	22.	24.	25.	28.	30.	32.
2.	4.	Θ.	12.	16.	17.	21.	23.	26.	27.	33.	35		
	3.	5.	8.	15.	19.	K.	29.	31.	34.				

---

[110] Sirius.
[111] Ces lettres sont prises en même temps pour leur valeurs numériques dans le tableau: Z signifiant 7; Θ, 9; K est pris pour 11 (au lieu de 20). Le signe du nombre 35 dans le grec est également erroné.

I. VIII. — LISTE PLANÉTAIRE DES MÉTAUX[112]

Notice

La liste transcrite dans R, c'est-à-dire dans le manuscrit 2419 (traité d'Albumazar) mérite une attention particulière. Elle répond à une tradition astrologique plus complète et plus ancienne, remontant probablement aux Chaldéens ; car elle est encadrée entre une liste de plantes et une liste d'animaux, également consacrées aux Planètes. Un certain nombre de noms de pierres précieuses (saphir, sardoine, jaspe, chrysolithe, perle), de minéraux (pierre d'aimant, litharge), d'alliages (claudianos, asèm ou diargyros), sont transcrits en caractères hébraïques, comme si l'on avait voulu en interdire la connaissance aux gens non initiés : c'est l'indice d'une vieille tradition mystique.

L'ordre des corps est parfois plus naturel : le sucre, par exemple, n'étant pas interposé entre la poix et l'asphalte, comme dans les manuscrits alchimiques, mais se trouvant à côté de son congénère, le miel.

Le mercure (métal) est placé tout à la fin de la liste de la planète Hermès ; ce qui accuse l'addition de ce métal à une liste plus ancienne, où l'émeraude, mise à la suite du nom de la planète, jouait le rôle d'un métal, comme le *mafek* égyptien[113]. L'existence de cette liste antérieure est indiquée plus nettement encore par les mots ajoutés : « les Persans attribuent à cette planète (au lieu du mercure) l'étain. » — De même, dans la liste des matières attribuées à la planète Jupiter, après le mot Etain, on lit : « Les Persans attribuent à cette planète (au lieu de l'étain) le métal argentin » ; ce qui signifie l'asèm ou électrum. Il y a là une indication très remarquable des changements survenus dans les attributions des métaux aux planètes, après que l'asèm ou électrum eut disparu de la liste des métaux, vers le VIᵉ ou VIIᵉ siècle de notre ère.

---

[112] Cp. *Origines de l'Alchimie*, p. 232 et suivantes. — Les signes des planètes sont en marges des manuscrits, à côté du nom du métal.
[113] *Origines de l'Alchimie*, p. 220, 234.

31

LES MINÉRAUX[114]

1° Saturne : Plomb; litharge; pierres de miel; pierres gagates[115]; claudianos[116] et autres substances analogues.

2° Jupiter: Etain; corail[117]; toute pierre blanche; sandaraque; soufre et autres substances analogues.

3° Mars: Fer; pierre d'aimant; pséphis[118]; pyrites rousses[119] et substances analogues.

4° Soleil: Or; escarboucle; hyacinthe; diamant (?); saphir et substances analogues.

5° Vénus: Cuivre; perle; onyx; améthyste; naphte; poix; sucre; asphalte; miel; (gomme) ammoniaque; encens.

6° Mercure: Émeraude; jaspe; chrysolithe; hésychios[120]; mercure; ambre; oliban et mastic.

7° Lune: Argent; verre; antimoine; cuir; chandra[121]; terre blanche et substances analogues.

---

[114] Consacrés à chaque planète, R.
[115] Pierre bitumeuse. — DIOSCORIDE, *Mat. méd.*, I, V, 145.
[116] Alliage métallique.
[117] Dans R: au lieu de corail, le béryl.
[118] Mot à mot: caillou; c'est quelque minerai de fer.
[119] R: Pierre de feu.
[120] Corps inconnu: Ce mot manque dans R.
[121] Corps inconnu.

I. ix. — NOMS DES FAISEURS D'OR[122]

1. Connais, mon ami, les noms des faiseurs d'or :
Platon, Aristote, Hermès, Jean le grand prêtre dans la divine Evagie[123] ; Démo-crite, Zosime, le grand Olympiodore, Stephanus le philosophe, Sophar le Persan, Synésius, Dioscorus le prêtre du grand Sérapis à Alexandrie, Ostanès l'Egyptien, Comarius l'Egyptien, Marie, Cléopâtre la femme du roi Ptolémée[124], Porphyre, Epibechius[125], Pélage, Agathodémon, Héraclius l'empereur, Théophraste, Ar-chélaüs, Pétasius[126], Claudien, le philosophe anonyme, le philosophe Menos[127], Pauséris, Sergius.

2. Ce sont là les maîtres partout célèbres et œcuméniques, les nouveaux exégètes de Platon et d'Aristote.

3. Les pays où l'on accomplit cette œuvre divine sont : l'Égypte, la Thrace, Alexandrie, Chypre et le temple de Memphis[128].

---

[122] Voir *Origines de l'Alchimie*, p. 128 et suivantes.
[123] Cp. *Origines de l'Alchimie*, p. 118.
[124] Cléopâtre, la femme alchimiste, a été confondue plus tard avec la reine de ce nom. *Origines de l'Alchimie*, p. 173.
[125] *Alias*, Pebechius. C'est Horus l'Épervier : *Origines de l'Alchimie*, p. 168.
[126] Ou Pétésis = Isidore en grec.
[127] EL. « Memnon le philosophe et les autres anonymes. » Il n'est pas question ailleurs de ce Menos. Serait-ce le vieux roi Ménès ? Il existe des écrits alchimiques sous le pseudonyme du roi Chéops (Sophée). — *Origines de l'Alchimie*, p. 58.
[128] Le temple de Phtha.

1. Il faut connaître en quels lieux de la terre de Thébaïde se prépare la paillette métallique : Cléopolis (Héracléopolis) ; Alycoprios (Lycopolis) ; Aphrodite ; Apolenos (Apollinopolis) ; Eléphantine.

2. La pierre métallique ressemble au marbre ; elle est dure, et les hommes qui, dans les lieux précités en font l'extraction avec beaucoup de peine, la préparent à l'intérieur (de la terre) ; ils portent des lampes..., et lorsqu'ils trouvent un filon, ils l'occupent. Leurs femmes broient (la pierre) et en font mouture.

3. Lorsque, après avoir réduit le minerai en poudre, ils l'ont étalé sur des tables garnies de rainures contrariées et disposées en pente douce, ils y font couler de l'eau ; la partie pulvérisée, légère et inutile, est entraîne par l'eau, tandis que la partie utile, retenue par son poids, est recueillie dans les rainures des planchettes. Alors, pour la cuisson, ils resserrent le dépôt, le placent dans un vase de terre cuite et, faisant un mélange selon la formule[130], ils lutent le vase, et le font chauffer sur un fourneau, pendant cinq jours et cinq nuits ; le vase a une issue pour l'extraction (des produits).

---

[129] Voir *Origines de l'Alchimie*, p. 129. C'est l'abrégé d'un morceau d'Agatharchide sur l'extraction de l'or de ses minerais ; morceau qui se trouve intercalé au milieu des recettes alchimiques dans M.

[130] Cette formule est donnée par Agatharchide, p. 128 (*Geogr. Græci*, Ed. Didot).

Je crois utile de reproduire ici la liste *des mois égyptiens,* avec traduction latine grécisée, d'après le manuscrit A, fol. 280 ; en mettant en regard les noms des mois coptes actuels, qui montrent la permanence des vieilles traditions[131].

Noms anciens	Noms latins grécisés	Noms coptes modernes
Phamenoth	Martios (Mars)	Barmhat.
Pharmouthi	Aprilios (Avril)	Barmudeh.
Pachon	Maïos (Mai.)	Bachones.
Payni	Junios (Juin)	Bawne.
Epiphi	Julios (Juillet)	Abib.
Mesori	Augustos (Août)	Mesori.
Thoth	Septevrios (Septembre)	Tut (7e mois de l'année).
Phaophi	Octobrios (Octobre)	Bobeh.
Athyr	Noevrios (Novembre)	Hatur.
Chiak	Decevrios (Décembre)	Koyhak.
Tybi	Januarios (Janvier)	Tubeh.
Méchir	Fevruarios (Février)	Amchir.

---

[131] Je les ai tirés de l'*Annuaire du Bureau des Longitudes,* pour 1886, p. 24.

SERMENT DES PHILOSOPHES

I. xi. — SERMENT

1. Je te jure[132], mon honorable initié, par la bienheureuse et vénérable Trinité, que je n'ai rien révélé des mystères de la science qui m'ont été transmis par elle, dans les retraites secrètes de mon âme : toutes les choses dont je tiens la connaissance de la Divinité, relativement à l'art, je les ai déposées sans réserves dans mes écrits, en développant la pensée des anciens d'après mes propres réflexions.

2. Toi-même, aborde tous ces écrits dans un esprit de piété et de prudence ; si nous avons dit quelque chose d'erroné, par ignorance, mais sans mauvaise intention, corrige nos fautes dans ton intérêt et dans l'intérêt des lecteurs fidèles à Dieu, exempts de malice et honnêtes, qualités qui sont en vérité difficiles à rencontrer[133]. Salut ! au nom de la sainte et consubstantielle Trinité ; je veux dire le Père, le Fils et le Saint-Esprit[134]. La Trinité dans l'unité, c'est le Fils, qui s'est incarné sans péché parmi les hommes, pour la glorification de la dyade[135], à laquelle il participe lui-même ; il a revêtu la nature humaine, tout en demeurant irréprochable ; la voyant sujette à faillir, il l'a redressée.

---

[132] Ce serment est tout imprégné des idées de la métaphysique chrétienne des Grecs byzantins, du IVe au VIe siècle ; surtout dans les deux additions finales ; car le commencement pourrait avoir été écrit par un néo-platonicien.

[133] La suite manque dans plusieurs manuscrits : c'est une addition.

[134] C'est la formule finale. La suite manque dans l'une des copies de A ; elle répond sans doute à une seconde addition postérieure.

[135] Le Père et le Saint-Esprit.

ANNEXES

LE LEXIQUE DE LA CHRYSOPÉE
DANS L'ORDRE ALPHABÉTIQUE FRANÇAIS

A

ADJONCTION. — C'est l'agglomération attractive.

ALBÂTRE OU ALABASTRON. — C'est la chaux tirée des coquilles d'œufs, le sel des efflorescences[136], le sel ammoniac[137], le sel commun.

ALGUE[138]. — C'est la teinture extérieure et brillante.

ALUN. — C'est le soufre blanc et le cuivre sans ombre.

AMPHORE À VIN. — C'est un vase de terre cuite.

ANDRODAMAS. — C'est la pyrite et l'arsenic[139].

APHROSÉLINON (Écume d'argent). — C'est la comaris, la coupholithe[140].

ARGYROLITHE (PIERRE D'ARGENT). — C'est la sélénite.

ASÈM. — C'est l'*ios* provenant de la vapeur sublimée.

«AYANT AIGRI PRÉALABLEMENT». — C'est: «ayant baigné dans le vinaigre».

«AYANT AIGRI FORTEMENT». — C'est: «ayant passé au feu».

«AYANT ÉTÉ TORRÉFIÉE AU SOLEIL». — Cela se fait en 6 jours.

AXONGE DE PORC. — C'est le soufre non brûlé.

B

BAVE. — C'est le mercure tiré de l'argent et la pierre scythérite.

BILE DU SERPENT. — C'est le mercure extrait de l'étain (ou du cinabre; addition de BAL).

BLANC BRILLANT. — C'est ce qui pénètre profondément.

BOL (ou masse pilulaire). — C'est le soufre cru.

BOSTRYCHITE. — C'est la pyrite, la pierre étésienne, la chrysolithe.

---

[136] Salpêtre, ou sesquicarbonate de soude, ou sulfate de soude, ou même chlorure de sodium, suivant les terrains.

[137] Ce mot ne désignait pas à l'origine le chlorhydrate d'ammoniaque; mais, à ce qu'il semble, une variété de natron. Plus tard il a pris son sens actuel.

[138] Orseille.

[139] Pyrite arsenicale et sulfures d'arsenic.

[140] Syn. de talc, ou de sélénite.

C

CADMIE. — C'est la magnésie.

CE QUE L'ON MET À PART. — C'est le son du blé.

CE QUE TU SAIS. — C'est l'alun.

CE QUI S'ÉVAPORE AU FEU. — C'est la vapeur sublimée du soufre.

CÉRUSE. — Est produite par le plomb.

CHALCOPYRITE FULGURANTE[141]. — C'est l'eau de soufre[142] ; c'est le soufre tiré du mercure (L).

CHALKYDRION. — C'est l'or fabriqué et rouillé par les manipulations de fixation, faites au moyen du soufre.

CHALKYDRION, ARGENT LIQUIDE, BILE DE TOUT ANIMAL. — C'est l'ios parfait, le soufre, le cuivre, l'électrum, lorsque leur éclat devient accompli et tourne au jaune et qu'ils se fixent c'est le mercure (extrait) du cinabre.

CHANGEMENT DE NATURE. — C'est la teinture[143].

CHAUX D'HERMÈS. — C'est la chaux tirée des œufs[144], sublimée par le vinaigre, et exposée au soleil (?) ; elle est meilleure que l'or[145].

CHÉLIDOINE. — C'est l'élydrion.

CHEVELURE DU SOLEIL. — C'est le soufre extrait de l'or.

CHRYSITIS[146]. — C'est la composition tirée des vapeurs sublimées.

CHRYSOCOLLE. — C'est le molybdochalque[147], c'est-à-dire la composition complète.

CHRYSOCOLLE ET EAU DE CUIVRE. — C'est le molybdochalque[148].

CHRYSOPHITE. — C'est la vapeur sublimée, après traitement avec le cuivre, pulvérisation et réduction en ios.

CINABRE. — C'est la vapeur sublimée, obtenue par cuisson dans les marmites.

CIRE SOLIDE. — Signifie les corps (métalliques) solides[149].

CLAUDIANOS. — C'est la chaux des œufs, le peuplier noir et le cassia.

---

[141] A cause de sa couleur : pyrite cuivreuse.

[142] C'est le soufre, l'eau de mercure, BA.

[143] Dans L, les articles précédents sont confondus, par suite de quelque erreur de copiste.

[144] Il s'agit ici des œufs philosophiques et d'une préparation mercurielle. — D'après *BAL* : « c'est la vapeur des œufs dissoute par le vinaigre, etc. »

[145] Les mots « que l'or » sont omis dans plusieurs ms. — Au lieu de : « exposée au soleil » il faut peut-être lire : « devenue couleur d'or » ; le même signe représentant l'or et le soleil.

[146] Litharge couleur d'or, dans PLINE et dans DIOSCORIDE, *Mat. méd.*, I, V, 102. Peut-être s'agit-il dans le Lexique de l'oxyde de mercure.

[147] Répétition.

[148] Variantes de L. « Le corail d'or et l'eau de chrysochalque, c'est le plomb et le cuivre. » Cette variante semble résulter d'une interprétation différente des mêmes signes.

[149] C'est-à-dire les métaux fusibles ou les amalgames, se solidifiant à la façon de la cire.

CNOUPHION[150]. — C'est le chapiteau (de l'alambic).

COLLE ATTIQUE. — C'est la larme de l'amande[151].

COMARIS. — C'est l'arsenic.

COMARIS DE SCYTHIE. — C'est le soufre et l'arsenic, avec tous ses noms.

COQUILLAGE ET OS DE SEICHE. — C'est la chaux des œufs.

CORPS INTERVENANT DANS LA COMBINAISON. — On les appelle caméléon : ce qui signifie les quatre métaux imparfaits.

COUPEROSE. — C'est le jaune de l'œuf.

CUISSON. — C'est la décoction et le jaunissement.

CUIVRE. — C'est la coquille des œufs.

CUIVRE BLANC. — C'est l'eau de soufre apyre.

CUIVRE COUVERT D'OMBRE (OU OBSCUR). — C'est la fleur du cuivre.

CUIVRE DE CHYPRE. — C'est le cuivre calciné et lavé c'est le terme du blanchiment et le début du jaunissement.

CUIVRE D'OSEILLE[152]. — C'est le vinaigre.

CUIVRE MÉDICAL. — C'est le métal blanchi, le soufre et la céruse.

D

DÉCOCTION. — C'est la dispersion, le délaiement, le grillage.

DEMI-CORPS. — Ce sont les vapeurs sublimées[153].

DISQUE SOLAIRE. — C'est le mercure extrait de l'or.

DISSOLVANT UNIVERSEL. — C'est la vapeur sublimée qui émane de toutes choses, c'est-à-dire l'eau native.

E

EAU SCYTHIQUE. — C'est le mercure[154].

EAU DIVINE NATIVE. — C'est le mercure fixé avec les sels.

EAU DE CALAIS[155]. — C'est l'eau de chaux.

---

[150] Tiré du nom du dieu Cnouphi (voir *Origines de l'Alchimie*, p. 31).
[151] Le lait fait avec la pâte d'amandes.
[152] C'est-à-dire le verdet, acétate de cuivre basique et analogues.
[153] Cette expression rappelle les demi-métaux des auteurs du XVIIIᵉ siècle.
[154] Variante : la sandaraque, BAL. — Il s'agissait de l'arsenic métallique sublimé, regardé comme un second mercure.
[155] Ce mot se trouve appliqué au cuivre dans la *Diplosis* de Moïse : il semble que ce soit un nom de lieu.

EAU DE CARTHANE. — C'est l'eau native du soufre.

EAU LUNAIRE. — Eau de cuivre [eau de sel, L], eau ignée, eau de verre, eau d'argent, eau de sandaraque, eau d'arsenic, eau de fleuve ; [c'est le nuage. A].

EAU FLUVIALE, EAU DE PLOMB. — C'est le soufre et le mercure[156].

HYSSOPE. — C'est le lavage des laines en suint.

EAU DE MERCURE TINCTORIALE[157]. — C'est le mercure extrait du cinabre.

EAU DE VÉNUS, DE LUNE, D'ARGENT, DE MERCURE, ET EAU FLUVIALE. — C'est l'eau divine et le mercure[158].

EAU DE SOUFRE NATIF. — C'est la composition blanche qui disparaît.

EAU SIMPLE. — C'est celle que l'on fabrique avec les trois composés sulfurés, au moyen de la chaux.

EAU (EXTRAITE) DE L'ASÈM[159]. — Elle est dite écume, rosée, aphroselinon liquide.

EAU DIVINE TIRÉE DU MERCURE. — Elle est appelée[160], d'après Pétasius, bile de serpent.

EAU DIVINE FIXÉE PAR LES TRANSMUTATIONS. — C'est le mercure (que l'on extrait) du cinabre, c'est-à-dire la tétrasomie[161].

ÉCAILLES DE COBATHIA. — Ce sont les (matières) sulfureuses, et surtout l'arsenic.

ÉCHOMÉNION[162]. — C'est la fleur de carthame.

ÉCUME D'UNE ESPÈCE QUELCONQUE. — C'est le liquide mercuriel.

ÉJACULATION DU SERPENT. — C'est le mercure[163].

ÉLECTRUM. — C'est la poudre (de projection) parfaite.

EMOLLIENS (ou amalgames). — C'est toute matière jaune et amenée à perfection[164].

ENCÉPHALE. — C'est la chaux des coquilles des œufs.

---

[156] Il y a diverses variantes et interversions dans les articles précédents, suivant les manuscrits.

[157] De la teinture blanche, L.

[158] Répétition de l'un des articles précédents. Variantes diverses.

[159] De l'argent, L, au lieu de l'asèm ; ce qui indique que le texte de L est plus moderne.

[160] Le nuage est dit : eau élevée par distillation, bile de serpent. B. Le mot bile de serpent répond à la nomenclature prophétique. Pétasius ou Petesis, seul auteur cité dans le *Lexique*, est un nom égyptien, cité aussi par DIOSCORIDE ; il désigne un vieux maître alchimique (*Origines de l'Alchimie*, pages 128, 158, 168, etc.)

[161] Réunion des quatre métaux imparfaits.

[162] Ce mot ne se trouve nulle part ailleurs que chez les alchimistes. — Serait-ce pour Ωκυμένιον : Basilic ? Le Basilic, plante et animal, joue un grand rôle dans les sciences occultes du moyen âge. Il était assimilé au Serpent qui se mord la queue, à la Salamandre, au Phénix, etc. (*Bibl. Chem.* de Manget, t. I, p. 106 et 706)

[163] BAL ajoutent : « Extrait du cinabre. »

[164] L : « c'est tout mélange accompli. »

Éponge marine. — C'est la cadmie, la chrysolithe, la pierre sacrée, le mystère caché, la cendre de la paille, l'émeraude, l'émeril.

Étain. — C'est le cinabre.

F

«Fais griller». — C'est-à-dire «Fais cuire ou jaunis».

Fer. — C'est le tégument de l'œuf.

Feuilles qui entourent la couronne. — Ce sont la pyrite et la magnésie.

Fiente de l'or et Minerai d'or, chrysammos. — C'est la chrysolithe (pierre d'or).

Fixations. — Ce sont les opérations chimiques utiles.

Fixez. — Au lieu de «renforcez»[165].

Fleur d'Achaïe. — C'est la laccha[166].

Fleur du cuivre. — C'est la couperose, la chalcite[167], la pyrite, le soufre blanc après traitement.

Fumée des cobathia. — Ce sont les vapeurs de l'arsenic (sulfuré)[168].

G

Gomme. — C'est le jaune (d'œuf).

Grande plante. — C'est l'orge.

Gypse. — C'est le mercure solidifié.

H

Helcysma. — C'est le plomb brûlé[169].

Huile. — Répond aux fleurs[170] des teintures.

Huile de ricin. — C'est celle que l'on extrait des figuiers sauvages; car beaucoup la préparent ainsi.

---

[165] Fixer un métal, c'était lui ôter sa volatilité, sa fluidité, etc.

[166] Orcanette.

[167] Minerai de cuivre.

[168] Rulandus (*Lex. Alch.*, p. 158) traduit ce mot par *Kobolt*; c'est toujours un composé arsenical.

[169] Pline, *H. N.*, I. XXXIII, 35. *Scoriam in argento Græci vacant helcysma.* — Dioscoride, *Mat. Méd.*, I. V, 101, dit aussi: «La scorie d'argent s'appelle helcysma ou encauma.» Ce serait donc une variété de litharge.

[170] Couleur, *flos*.

I

INDESTRUCTIBLE. — Ce qui ne peut être volatilisé.

INCOMBUSTIBILITÉ. — C'est le blanchiment.

Ios. — C'est le jaunissement ; l'eau de soufre natif ; le comaris de Scythie le pastel de l'Inde ; la renoncule ; la chrysoprase - la chrysocolle.

Ios RACLÉ[171]. — C'est la vapeur sublimée et la chrysocolle (soudure d'or).

L

LAIT DE LA VACHE NOIRE. — C'est le mercure extrait du soufre[172].

LAIT DE TOUT ANIMAL. — C'est le soufre.

LES (QUATRE) CORPS MÉTALLIQUES. — Ce sont le cuivre, le plomb., l'étain et le fer. On en extrait le stibium en coquille.

LEVAIN. — C'est la combinaison des corps métalliques avec la vapeur sublimée de l'échoménion[173] et avec la fleur du carthame[174].

LIE. — C'est le dépôt du vin, la chaux avantageuse pour les pourpres[175].

LIE. — C'est la sélénite et l'alun lamelleux.

LIMAILLE D'OR. — C'est la soudure d'or.

LIMAILLE D'OR, SOUDURE D'OR, FLEUR D'OR, LIQUEUR D'OR. — C'est la chrysitis, la coquille d'or, l'ios, le soufre et le mercure.

LIMON DE VULCAIN. — C'est l'orge[176].

LIQUEUR D'OR, CHÉLIDOINE, COQUILLE D'OR, IOS SANS OMBRE. — C'est le soufre blanc [ou bien le mercure fixé avec la composition blanche. A L].

LIQUEUR TINCTORIALE. — C'est la couperose traitée suivant les règles (de l'Art., AL.)

LIQUIDE ARGENTIN. — C'est la vapeur sublimée du soufre et du mercure[177].

LITHARGE BLANCHE. — C'est la céruse.

LITIÈRE. — C'est l'eau du mercure.

---

[171] Ios a un sens complexe : c'est la rouille des métaux ; c'est la pointe de la flèche ; c'est le venin, c'est-à-dire le principe actif, l'extrait doué de propriétés spécifiques, et, par extension, le principe de la coloration et la propriété spécifique elle-même, etc.

[172] C'est-à-dire du sulfure noir de mercure.

[173] Basilic ? — Voir plus loin.

[174] Cet article est tiré de L. σώματα signifie les métaux réduits de leurs minerais.

[175] Il s'agit de la crème de tartre, employée pour fixer les matières colorantes sur les étoffes.

[176] Souvenir de la nomenclature prophétique.

[177] M donne le signe du mercure.

M

MAGNÉSIE. — C'est le plomb blanc et la pyrite[178].

MAGNÉSIE. — C'est le vinaigre non adouci, et l'extraction.

MAGNÉSIE. — C'est l'antimoine femelle[179] de Chalcédoine.

MERCURE, fixé au moyen des vapeurs sublimées : blanchit le cuivre et fait l'or.

MERCURE CRU. C'est le mercure produit par le plomb [par le molybdochalque, L.].

MIEL ATTIQUE ET PLOMB. — C'est l'eau divine[180].

    MIEL COMPLET. — C'est l'eau de soufre[181].

MINIUM DE MONTAGNE. — C'est le misy jaune, avec celui qui coule tout seul[182].

MOLYBDOCHALQUE. — C'est la soudure d'or.

MORCEAUX. — C'est ce qui est transformé quant à l'espèce.

MUTATION ET RÉGÉNÉRATION. — C'est la calcination et le blanchiment.

MYSTÈRE DE TOUTE PIERRE MÉTALLIQUE. — C'est la pyrite.

N

NATIF (produit). — Se dit de ce qui est pur et non souillé. C'est, à proprement parler, ce qui est intact, non obscurci et brillant comme la fleur de l'or.

NATRON. — C'est le soufre blanc qui rend le cuivre sans ombre[183]. La (même substance) se nomme aphronitron[184] et terre résineuse (ou fluidifiante).

NATURE UNE. — C'est le soufre et le mercure, après traitement différent.

NÉNUPHARS DESSÉCHÉS. — Ce sont ceux qu'on tire des cours d'eau d'Égypte.

NOM PROPRE DE LA COMPOSITION LIQUIDE. — C'est l'eau divine, tirée de la saumure, du vinaigre et des autres matières.

---

[178] V. plus haut : *Cadmie*, au K. — On voit, que le mot magnésie a plusieurs sens. Il s'applique aussi à l'oxyde de fer magnétique, à la pyrite et au sulfure d'antimoine.

[179] B A L : de Macédoine (v. DIOSCORIDE, *Mat. méd.*, I, V, 99.) — PLINE (*H. N.*, XXXIII), distingue l'antimoine femelle, qui est lamelleux et brillant ; c'est notre sulfure d'antimoine natif.

[180] Ceci semble faire allusion à la saveur sucrée des sels de plomb.

[181] V. plus haut le miel attique. Allusion au goût sucré des sels de plomb ?

[182] Ici il s'agit d'un oxyde de fer analogue à la sanguine, dérivé du misy qui coule tout seul ; c'est-à-dire de la pyrite en décomposition.

[183] Parfaitement brillant. Il s'agit d'un fondant employé dans la réduction du cuivre oxydé ou sulfuré.

[184] Il semble qu'il s'agisse ici de notre salpêtre.

Nom propre de la composition solide. — Ce sont les quatre corps, appelés : le claudianos, le plomb, la pyrite, le mercure.

Noir indien. — Est fait d'isatis et de chrysolithe.

Notre Plomb. — C'est celui qui se prépare avec les deux antimoines[185] et avec la litharge.

Nuage. — C'est la vapeur sublimée du soufre.

Nuage noir. — C'est la vapeur sublimée et la pierre d'or.

Nuée. — C'est l'obscurité des eaux, la vapeur sublimée, l'humidité vaporisée, le précipité qui reste en suspension (?).

O

Ocre attique. — C'est le jaune de l'œuf.

Ocre attique. — C'est l'arsenic.

Ocres, obtenues par un mélange de vin et d'huile, sont dites blâmables (ou, falsifiées) ?

Oïtis (pierre d'œuf?). — Est nommée aussi Terenouthin et Chrysocolle.

On appelle Or : Le blanc, le sec, le jaune et les (matières) dorées, à l'aide desquelles on fabrique les teintures stables[186].

Or. — C'est la pyrite, la cadmie et le soufre[187].

Or[188]. — Ce sont tous les fragments et les lamelles jaunis[189] et amenés à perfection[190].

Or cuit. — Ce sont les vapeurs sublimées jaunes.

Orcanette. — C'est la fleur d'Achaïe[191].

Orge. — C'est le germe[192] de la bière.

Orichalque de Nicée. — C'est celui qu'on obtient par la cadmie.

Osiris. — C'est le plomb et le soufre.

---

[185] Mâle et femelle : variétés de notre sulfure. En outre, on voit que le régule d'antimoine était confondu avec le plomb.

[186] Idem.

[187] Voir les deux autres définitions de l'or données plus loin.

[188] Cette définition est caractéristique et conforme aux procédés de teinture en or du Papyrus de Leide.

[189] D'après BAL. Dans M ce sont les minerais, μεταλλά, au lieu des feuilles πέταλα.

[190] Et atténués, AL.

[191] Je corrige ici le texte en admettant λακχά 'Αχαίας. — (*Orig. de l'Alchimie*, p. 359, 361).

[192] Orge germée.

P

PETIT LEVAIN. — C'est le soufre.

PETIT MORCEAU. — Ce sont les cendres délayées dans l'eau, celles qui tapissent le fond du fourneau, à l'épaisseur d'un doigt.

PIERRE BLANCHE (leucolithe). — C'est la pyrite.

PIERRE CHRYSÉTÉSIENNE. — C'est l'hématite.

PIERRE D'AIGLE. — C'est la chrysolithe, le porphyre, la pierre pourprée de Macédoine et la pierre polychrome.

PIERRE DE DIONYSIOS. — C'est la chaux.

PIERRE DE TOUCHE. — C'est la pierre du mortier.

PIERRE ÉTÉSIENNE. — C'est la chrysolithe.

PIERRE PHRYGIENNE[193]. — C'est l'alun.

PIERRE PHRYGIENNE. — C'est l'alun et le soufre[194].

PIERRE QUI N'EST PAS UNE PIERRE. — C'est la chaux et la vapeur sublimée, délavée avec du vinaigre.

PIERRE SACRÉE. — C'est la chrysolithe.

PIERRE SACRÉE. — C'est le mystère caché (A E).

PLOMB. — C'est le semblable de la céruse.

POLYCHROME. — C'est la couleur de pourpre.

POMPHOLYX[195]. — C'est la fumée de l'asèm.

PORPHYRE. — C'est la pierre étésienne et l'androdamas.

PRÉPARATION. — C'est la vapeur sublimée, composée au moyen du traitement.

PRÉPARATION JAUNE. — C'est le minerai de fer, traité par l'urine (et) le soufre [c'est aussi la cadmie, B A L].

PULVÉRISATION COMPLÈTE. — C'est le blanchiment, la mutation, la réduction en mercure (des espèces, BAL).

PURIFIANT. — C'est le natron jaune[196] et l'aphronitron.

PYRITE. — C'est le Sory et la magnésie (et la pierre blanche, A).

---

[193] V. DIOSCORIDE, *Mat. Méd.*, I, V, 140. — PLINE, *H. N.*, I. XXXVI, 36; sorte d'alunite, employée par les teinturiers.

[194] Répétition de l'un des articles précédents. Ceci montre que le lexique de M résulte de plusieurs listes plus anciennes.

[195] Oxyde de zinc sublimé, et mêlé d'oxydes de cuivre, de plomb, d'antimoine, d'arsenic, etc.

[196] *Nitrum flavum* de PLINE, *H. N.*, I, XXXI, 46. Il en est aussi question dans le papyrus de Leide.

R

RACLURE DE LA PIERRE DE NAXOS. — C'est la matière à aiguiser des barbiers[197].

RAFFINAGE. — C'est l'extraction au moyen des liquides, c'est-à-dire la transmutation.

RENONCULE. — C'est la chrysocolle et la chrysoprase (aigue-marine).

REPHECLA[198]. — C'est le cyclamen.

ROSEAU. — C'est le soufre.

ROSÉE. — C'est le mercure extrait de l'arsenic[199].

S

SABLE (ou minerai). — C'est la chrysocolle.

SANDARAQUE. — C'est le mercure extrait du cinabre.

SANDYX[200]. — C'est l'or.

SANG DE MOUCHERON. — C'est l'eau d'alabastron après traitement.

SAUMURE. — C'est la chrysocolle.

SCORIE DES LENTILLES. — C'est la couperose.

SEL. — C'est la coquille de l'œuf; le soufre est le blanc de l'œuf; la couperose en est le jaune.

SEL EFFLORESCENT[201]. — C'est la mer, la saumure, la mousse du sel.

SEMENCE DE VÉNUS. — C'est l'efflorescence du cuivre[202].

SCORIE DU CUIVRE. — C'est la couperose.

SOUFRE BLANC. — C'est la vapeur sublimée du mercure, fixée avec la composition blanche.

SOUFRE BLANC. — C'est la pierre chrysétésienne, l'hématite.

SOUFRE NON BRÛLÉ. — C'est la vapeur sublimée et le mercure.

SOUFRE. — C'est le cuivre après traitement.

SUBSTANCE BRÛLÉE. — C'est la substance blanchie[203].

---

[197] DIOSCORIDE, *Mat. méd.*, I, V, 167.

[198] Mot inconnu.

[199] C'est-à-dire l'arsenic sublimé, regardé comme un second mercure, à cause de sa volatilité et de son action sur le cuivre.

[200] Couleur rouge. PLINE, *H. N.*, I. XXXV, 23. — DIOSC. I, 7 V, 103, vers la fin. — Minium préparé en calcinant la céruse. — Rappelons que l'écarlate figurait au moyen âge, et figure encore l'or dans le blason.

[201] Orcanette.

[202] Vert de gris et corps analogues.

[203] Par exemple, le zinc, le plomb, l'antimoine, etc., changés en oxydes blancs par le grillage.

(Substance) Brulée de Coptos. — C'est la lie, l'écume de l'argent.

Suc de calpasos. — C'est la sève de cette plante.

Suc de tous les arbres et de toutes plantes. — C'est l'eau divine[204] et le mercure[205].

Sueurs du cuivre. — C'est le jus de camomille.

Sphère d'Or. — C'est le safran de Cilicie [ou bien l'arsenic et la sandaraque, B A L].

Stibium. — C'est le coquillage ou la coquille.

T

Teinture (Pinos). — C'est ce qui teint à l'extérieur[206].

Teinture blanche. — C'est ce qui teint profondément et qui ne suinte pas.

Teinture (ou trempe). — C'est le changement de nature.

(Teinture) qui (ne) passe (pas). — C'est la véritable (?).

Terre (dite) astérite. — C'est la pyrite, la terre de Chio, la litharge, le soufre blanc, l'alun, la cadmie blanche, le mastic[207].

Terre d'Égypte. — C'est la terre à poteries.

Terre de Samos. — C'est l'arsenic et le soufre blanc.

Titanos. — C'est la chaux de l'œuf.

Tout mercure. — Se dit du mercure composé avec les trois soufres apyres.

Toutes plantes jaunes. — Ce sont les chrysolithes.

V

Vapeur jaune sublimée du cinabre. — C'est la vapeur sublimée des substances sulfureuses et l'argent liquide.

Vapeur sublimée. — C'est l'eau du soufre et du molybdochalque[208].

Vase cylindrique. — C'est (le mortier L et) le pilon.

Vinaigre[209] commun. — C'est celui qu'on obtient par la litharge et par la lie.

---

[204] On voit que le nom d'Eau divine désignait, non seulement les solutions de sulfures alcalins, mais aussi tout suc végétal actif.

[205] Le mot mercure désigne ici toute liqueur renfermant un principe actif essentiel.

[206] Πίνος opposé à Βαφή.

[207] Résine naturelle.

[208] BAL. «C'est l'eau de l'étain et du plomb et du cuivre»; le mercure des philosophes (*Orig. de l'Alchimie*, p. 272 et 279). Le mercure se retire aussi par sublimation de ses amalgames avec les métaux.

[209] Cette définition semble signifier l'acétate de plomb. Mais le mot vinaigre avait chez les al-

chimistes un sens beaucoup plus compréhensif. Il désignait tous les liquides à saveur piquante, tesl que:
    1° Les liquides acides, assimilés à notre vinaigre;
    2° Certaines liqueurs alcalines, à saveur piquante, comme le montre l'assimilation de ce mot avec l'urine altérée.
    3° Diverses solutions métalliques, acides ou astringentes, à base de plomb, de cuivre, de zinc, de fer, etc.

LES SIGNES DE LA SCIENCE QUI SE TROUVENT DANS LES ÉCRITS TECHNIQUES DES PHILOSOPHES: CE SONT SURTOUT LES SIGNES QUE CEUX-CI APPELLENT LA PHILOSOPHIE MYSTIQUE

χαλκανθοι   οινος ελληνος
χαλκιτης   ραφανινον ελαιον
λιθοι   κικινον ελαιον
εχλαριον
5 θαλασσια υδατα   νιτρον   5
ομβρια   στυπτηρια σχιστη
υδωρ   στυπτηρια στρογγυλη
ημεραι   ημερα
νυκτι   ωρα
10 ημερον νυχθημερα   πυριτη   10
πεταλα   καδμια
καταξανον
κινναβαρις   μαγνησια
κροκος
15 ωχρα   αλα   15
αρσενικον   αλα κοινον
ειρικον   αμμωνιακον
αγχουσα   λαδικηνη
σανδαραχη
20 μισυ
σωρι
λεχα
ψιμυθιον
λιγκι   ξανθον
25 οφθαλμος   τιτανοι   ασβεστος   25
ωα   σινωπη ποντικη
οστρακον ωων   οπα
κυανον
υελοι
30 ωβρυζον
λιβων
ιγημλη

⌐ πο ταⲗⲱⲟⲥ   ℈ ξανδον
③ ⲟ ζοⲥ
⊗ ⲥⲏψⲟⲛ
⊗ ⲃⲟⲧⲁⲣⲓⲟⲛ
5   ⲃⲟⲗⲃⲓⲧⲁ   ⲥ ϩϩϩ
   ⲃⲟⲧⲁⲛⲏ
   ⲁⲙⲧⲁⲗⲏⲟⲩ̣ⲣⲁⲛ
✗ ⲭⲱⲛⲏ
   ⲗⲱⲧⲁⲕⲩⲧⲣⲁ
10 ⲕ̄ⲙ̄ ⲕⲛⲓⲕⲁⲛⲑⲟⲛ
⟵ⲕ ⲕⲱⲙⲁⲣⲓⲥ
   ⲅⲏ
   ⲁⲙⲧⲁⲗⲁ
   ⲉⲣⲓ-ⲧⲟⲥ   ℈ ⲉⲙⲟⲩⲃⲁ   ⲗⲩⲧⲁ   ⲗⲁⲣⲓ-ⲥ   ⲥⲣⲓⲃⲁ ℥
15 ✗ ⲭⲱⲁⲏ
✗ ⲭⲧⲁⲟⲥ
   ⲅⲩⲛⲁⲙⲓⲟⲗⲟⲛ ⁓⁓⁓⁓⁓⁓⁓⁓⁓⁓⁓
   ⲟ ⲟⲛⲟⲙⲁⲧⲁ ⲫⲓⲗⲟⲥⲟⲫⲱⲛ ⲧⲏⲥ ⲑⲉⲓⲁⲥ ⲉⲡⲓ ⲧⲏ ⲁⲗⲏ ⲕⲁⲓ ⲧⲉⲭⲛⲏⲥ

ⲁⲙⲱⲥⲏⲥ :	ⲙⲁⲣⲓⲁ :
ⲇⲏⲙⲟⲕⲣⲓⲧⲟⲥ :	ⲡⲧⲁⲥⲓⲟⲥ :
ⲉⲩⲛⲉⲥⲓⲟⲥ :	ⲉⲣⲙⲏⲥ :
ⲡⲁⲥⲭⲏⲣⲓⲥ :	ⲑⲉⲟⲥⲉⲃⲉⲓⲁ :
ⲡⲏⲃⲧⲭⲓⲟⲥ :	ⲁⲅⲁⲑⲟⲇⲁⲓⲙⲱⲛ :
ⲝⲉⲛⲟⲕⲣⲁⲧⲏⲥ :	ⲑⲉⲟⲫⲓⲗⲟⲥ :
ⲁⲫⲣⲓⲕⲁⲛⲟⲥ :	ⲏⲥⲓⲇⲱⲣⲟⲥ :
ⲗⲟⲩⲕⲁⲥ :	ⲑⲁⲗⲏⲥ :
ⲇⲓⲟⲅⲓⲛⲏⲥ :	ⲏⲣⲁⲕⲗⲉⲓⲧⲟⲥ :
ⲓⲡⲡⲁⲥⲟⲥ :	ⲍⲱⲥⲓⲙⲟⲥ :
ⲥⲧⲉⲫⲁⲛⲟⲥ :	ⲫⲓⲗⲁⲣⲉⲧⲟⲥ :
ⲭⲁⲙⲏⲥ :	ⲓⲟⲩⲗⲓⲁⲛⲏ :
ⲭⲣⲓⲥⲧⲓⲁⲛⲟⲥ :	ⲥⲉⲣⲅⲓⲟⲥ :

Table des matières